Género Ficción realista

¿? **Pregunta esencial**

¿Cómo podemos clasificar y categorizar las cosas?

Tarta de ciruelas

Roque Iñíguez
ilustrado por Marcelo Elizalde

Jacinto y sus hermanos viven en la ciudad. Van de visita al campo de Abu. Están muy contentos.

Allí hay mucho espacio para correr y jugar. Hay árboles de todo tipo. También hay una huerta.

—Abu... ¡Haz tu tarta de ciruelas, por favor! —pide Jacinto a su abuela al llegar.

—¡Sí! ¡Nos diste tu palabra! —Gonzalo insiste con dulzura.

—Pero voy a necesitar ayuda —dice Abu—. Ustedes recogerán las ciruelas.

Los cuatro niños caminan hasta los árboles. Hay ciruelas rojas y amarillas.

—¿Y ahora? ¿Cuáles llevamos? —dice Gonzalo.

—Llevemos de las dos —dice Jacinto—. Luego Abu decidirá.

Los niños llegan con la bolsa llena.

—Parece que eso pesa... —dice Abu.

—No sabíamos si necesitabas ciruelas rojas o amarillas —responde Jacinto—. Recogimos de las dos.

—¡Son un montón! —dice Abu con ternura.

—¿Entonces las vamos a tirar? —dice Jacinto apenado.

—¡No, cariño! Vamos a hacer una tarta de ciruelas rojas y una de ciruelas amarillas —Abu los anima—. Luego ustedes decidirán cuál les gusta más. ¿Qué opinan?

—¡Genial! —dicen todos, felices.

Detective del lenguaje	¿Qué pronombre personal podría agregarse al comienzo de la oración subrayada?

—Pues bien, primero separen las ciruelas por color —indica Abu.

—Para eso, aquí tengo dos ollas iguales —dice Jacinto.

Todos ponen manos a la obra.

Los niños separan las ciruelas por color. Cuando terminan, llevan las ollas a la cocina. Abu los espera con la masa lista. Se acerca la hora de merendar...

Detective del lenguaje

El punto (.) sirve para separar oraciones. ¿Qué oraciones de esta página están separadas por un punto?

Las tartas se hornean. Mientras, los niños ayudan a Abu. Uno lava las ollas con un cepillo. Otro seca las tazas. Otro pone la mesa. Jacinto sirve la leche.

Todos felicitan a Abu.

—¡Las dos tartas son deliciosas!

—Hicimos bien en recoger tantas ciruelas —dice Jacinto—. Tendremos tarta para el viaje de vuelta.

Respuesta a la lectura

Volver a contar

Vuelve a contar *Tarta de ciruelas* con tus propias palabras.

Personaje	Pista	Punto de vista

Evidencia en el texto

1. ¿Cómo se sienten los niños en la página 2? **Punto de vista**
2. ¿Cómo se siente Jacinto en la página 7? **Punto de vista**
3. ¿Cómo sabes que *Tarta de ciruelas* es un cuento de ficción realista? **Género**

Género No ficción

Compara los textos

¿Cómo clasificamos las cosas?

Clasificar pelotas

Jorg Greuel/Photodisc/Getty Images

¿Cómo podemos clasificar estas pelotas? Por su forma, no... ¡Ya sé! ¡Por su tamaño! Estas pelotas son pequeñas.

(t) ©Lawrence Manning/CORBIS, (cl) McGraw-Hill Companies, Inc., Mark Steinmetz, photographer; (cr) Image Source/Getty Images, (b) McGraw-Hill Companies, Inc., Richard Hutchings/Digital Light, photographer

Estas pelotas son un poco
más grandes.

Esta pelota es la más grande de todas.

Haz conexiones

Mira las dos lecturas. ¿Qué
aprendiste sobre clasificar cosas?

El texto y otros textos

(tl) Radlund & Associates/Artville/Getty Images, (tc) Nikreates/Alamy, (tr) Jules Frazier/Photodisc/Getty Images, (b) C Squared Studios/Photodisc/Getty Images

Enfoque:
Género

Ficción realista Los cuentos de ficción realista son historias inventadas que podrían ocurrir en la vida real.

Lee y descubre Los personajes de *Tarta de ciruelas* son cuatro niños y su abuela. El cuento se desarrolla en una casa de campo. Los sucesos que se narran en el cuento podrían ocurrir en la vida real.

Tu turno

Escribe un cuento de ficción realista donde los personajes sean niños. ¿Dónde ocurre el cuento? ¿Qué hacen los personajes?